Iniciación
a la
**lectura**
**I**

**Proyecto didáctico**
Equipo de Ediciones SM

**Autores**
María Castillo y Emilio Sanjuán

**Revisión pedagógica y coordinación editorial**
Ana Moreno y M.ª Cecilia Vicente

**Ilustración**
Maite Martínez

**Diseño de interiores y maqueta**
Antonio Herrera

**Diseño de cubierta**
Olga Pérez y Julio Sánchez

**Dirección editorial**
María José Sanz

© Ediciones SM, Madrid
ISBN: 84-348-6405-3 / Depósito legal: M-3359-2000 / Preimpresión: Da Vinci, SL
Melsa - Ctra. de Fuenlabrada a Pinto, Km 21,8 - Pinto (Madrid) / Impreso en España-Printed in Spain

*Nuevo Parque de Papel* surge ante la necesidad de renovar los materiales de aprendizaje de la lectura sin descuidar la calidad pedagógica de *Parque de Papel* adquirida con largos años de experiencia.

*Nuevo Parque de Papel* tiene como objetivo principal acompañar progresivamente a niños y niñas desde un nivel prelector hasta una total lectura comprensiva. A través de la interpretación de imágenes y la asociación de éstas con palabras y frases, los niños irán adquiriendo las herramientas necesarias para leer y desarrollarán una buena capacidad de atención y observación como elementos fundamentales en el aprendizaje lector.

En el primer libro se presentan todas las vocales y consonantes únicamente con sílabas directas. Desde el primer momento los niños y las niñas leerán frases con sentido. En el segundo libro aparecen todas las sílabas inversas y trabadas y los grupos consonánticos. Ambos libros llevan páginas de vocabulario con palabras de repaso y ampliación y páginas con lecturas adaptadas de poemas, adivinanzas, diálogos e historias.

Se ha cuidado con especial interés la ilustración como importante transmisora de valores y actitudes en estas edades tempranas en las que el lenguaje icónico toma gran relevancia. Desde la editorial dedicamos todo nuestro esfuerzo a comunicar mensajes que reflejen el respeto a la diversidad humana con sus variantes sociales, culturales y étnicas, la colaboración en la integración de discapacitados físicos o psíquicos y el cuidado del entorno natural y urbano.

Esperamos que estos libros os gusten y disfrutéis mucho con su lectura.

*El equipo de Ediciones SM*

Si no hubiera parques
no sabría venir la primavera.
Si no hubiera libros
los niños los inventarían.
Aquí tienes un parque
y un libro,
un parque de papel.
Está lleno de plantas,
de música,
de niños y de poemas.
Si lo lees y lo guardas
debajo de tu almohada,
tus sueños se poblarán de flores
y tus manos de pájaros.

a a a a a a

e e e e e e

ea ei eo

oa oe oi

ua ue ui

ae ai au

ia ie io

l

L

lo  le  li
lu  la

Lola    lee    lío    lila

La ola
La lila
Lola lee.
Lola lía.
Lola, la ola.

| s | S | so  sa  se<br>si  su |
|---|---|---|

solo

sola

sala

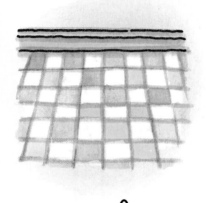
suelo

Lola sola
Lola sale sola.
La ola sola
La ola sale sola.
La osa sale sola.

m  M

ma  me  mu
mi  mo

mamá  mesa  mula  Miau

Lola suma.
La mamá osa
La mamá Miau
La mula lame.
Lola le lee a su mamá.

p P

pa pu pe
pi po

papá    Pepe    pie    pala

La osa se pasea.
Papá pasea a Lola.
Papá pisa la pala.
La mula lame a Pepe.
Papá usa la lupa.

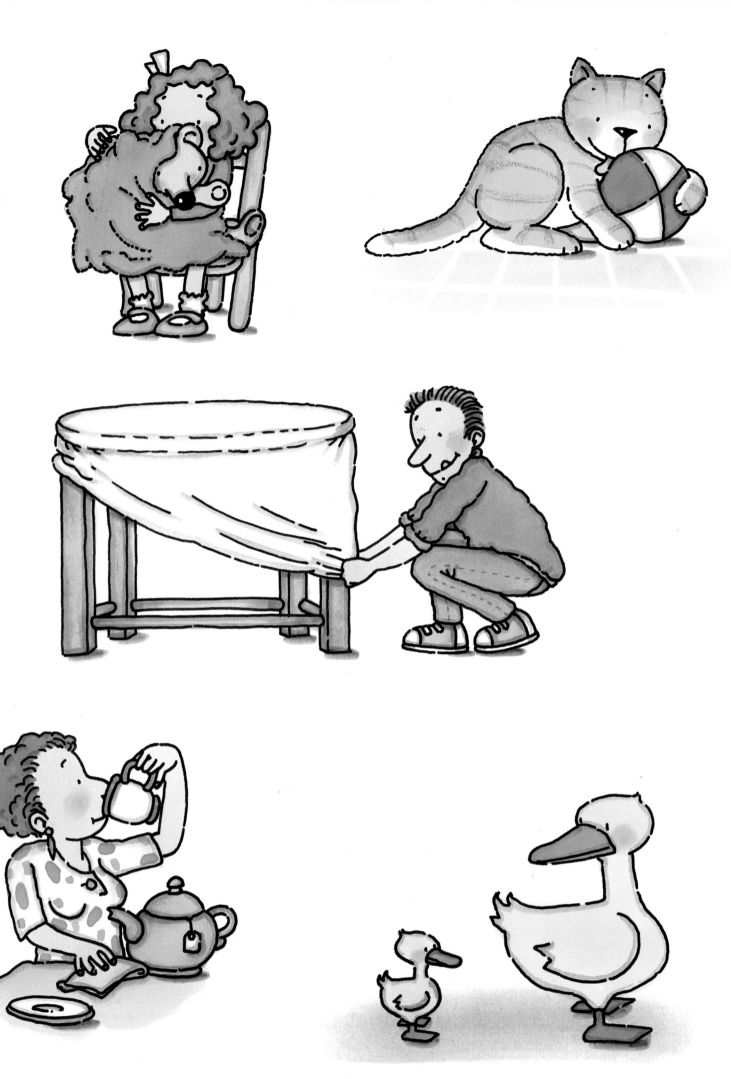

t | Ƭ | ta  tu  to
ti  te

   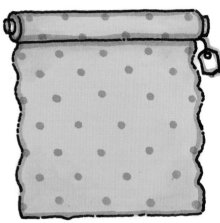

tía    tomate    tapa         tela

La tía toma té.

Papá tapa la mesa.

La pata pasea a su pato.

Lola tapa a su osito.

Miau lame la pelota.

y

y

y

y

el · El · la · La

La  y el

La  y el

El  y la

La  y el

| suelo | aleta | liso |
|-------|-------|------|
| tose | pipa | piso |
| oso | pito | paloma |
| tapa | aula | amasa |
| sopa | lima | pila |
| pía | pato | soso |
| patata | seta | maleta |
| mesa | pelo | paseo |

La mula lame.

Lola lee.

La pata pasea
a su patito.

La ola sola

Papá usa
la lupa.

| n | n | na ni nu |
| --- | --- | no ne |

nene    nena    nata    nota

Lola toma nata.
Mamá no la toma.
El mono mete la mano.
El patito patina.
La pata tiene pena.

## d D

da di du
do de

dado

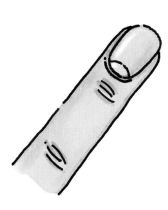
dedo

día

duele

Mamá lee de día.
Papá da el dado a Lola.
Pepe tiene una diana.
Al osito le duele el dedo.
La paloma tapa el nido.

| b | B | ba  bo  be |
|---|---|---|
|   |   | bu  bi |

bota    bata    bebé    butano

El abuelo bebe.

Pepe bota la pelota.

Mamá no tiene butano.

La abuela pone la bota a Lola.

El bebé tiene una bola.

v    U

va  vi  vo
ve  vu

vía

vela

vaso

vuela

La paloma vuela.
El abuelo va de visita.
El oso viene y va.
El vaso tiene bebida.
Mamá tiene una vela bonita.

j J

ja jo je
ji ju

jaula   jota   jabalí   jinete

La oveja da lana.
El jabalí tiene pelo.
Juana baila la jota.
Jaime baja la jaula.
La abuela toma jalea.

| un | Un | una | Una |
|---|---|---|---|

Un  y una

Un  y una

Un  y una

Un  y una

# en

Un oso y una osa en la

Un nido y una paloma en el

Una abeja y una lila en la

Una nube y la luna en el

Un polo y una lupa en la

Un pato y un patito en el

| | | |
|---|---|---|
| violeta | nuevo | lava |
| saluda | baila | lavabo |
| visita | veo | salado |
| lana | bote | dibujo |
| ajo | botijo | ilumina |
| nudo | batido | moneda |
| pepino | vida | amapola |
| mueve | muele | nadie |

El 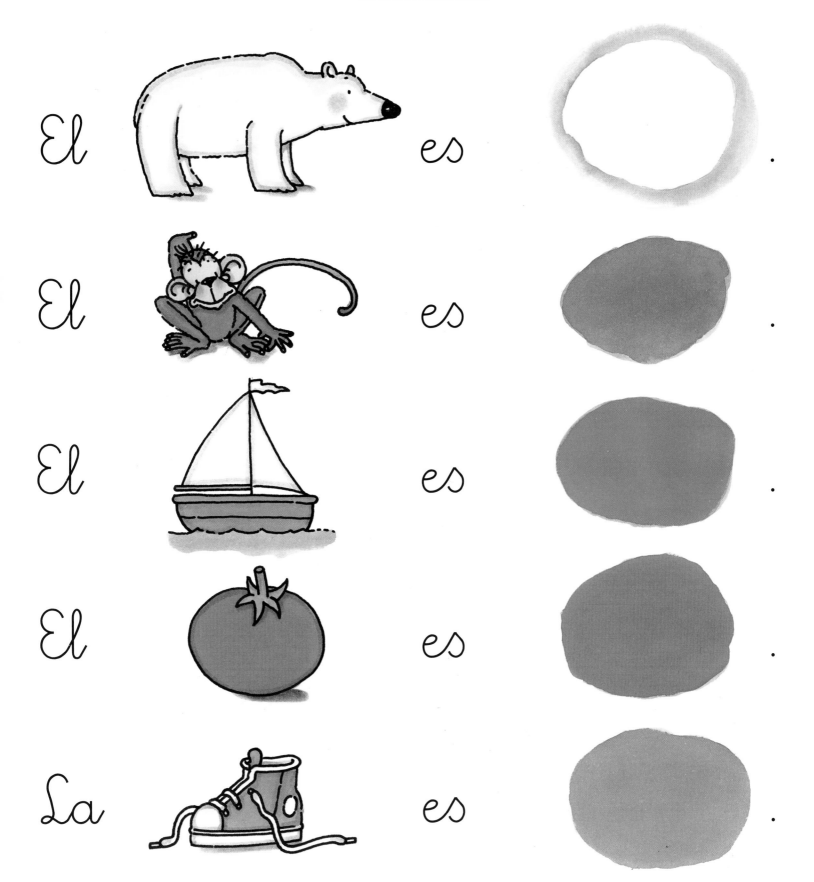 es .

El es .

El es .

El es .

La es .

41

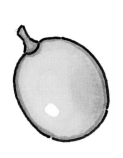   

- Lola
- tomate
- diana
- vía
- jabalí
- lila
- pelota
- lupa
- pato
- nube
- vaso

- Pepe
- abeja
- oveja
- vela
- uva
- jinete
- polo
- palo
- piano
- nido
- pino

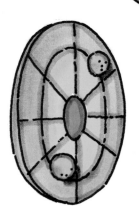

| h | H | ha ho hu<br>he hi |
|---|---|---|

hoja     hielo     humo     helado

El vaso tiene hielo.
Pepe pide un helado.
Lola tiene una hoja.
La paloma puso un huevo.
De la patata sale humo.

f F

fo fu fa
fe fi

foto   Felipe   familia   feo

La tía Filomena tiene novio.
Felipe vive con su familia.
El jabalí tiene el pelo feo.
Papá se toma un filete.
Jaime ve una foto de Felipe.

r     R     ra ro ru
            re ri

rana     rosa     río     rueda

Mamá huele una rosa.

La rata Renata roe pan.

Pepe vio una rana en el río.

La rueda es roja.

Rosa es la tía de Felipe.

# a r o

pera    toro    loro    morado

Lola tiene un loro rojo.
Jaime dibuja una pera.
Felipe tira bolas de arena.
Lola tiene una bata morada.
Rafa da el aro a Mario.

ta   rr   o

perro   torre   sierra   burro

Lola sube a la torre.

El burro tiene una pata rota.

Rafa mima a su perro Peludo.

Pepe puso el tarro en el suelo.

Papá usa la sierra de hierro.

La  y las

La y las hojas

La rata y las

El y los huevos

El filete y los

La y las peras

El helado y los

La mano tiene dedos.

Papá huele las rosas.

Mamá pasea a los perros.

La paloma pone huevos.

El pino tiene ramas.

Felipe tira los dados en la mesa.

- huevo
- filete
- rata
- toro
- tierra
- helado
- familia
- burro
- jarra
- hijo
- pera

- rosa
- perro
- torre
- aro
- rojo
- foto
- tarro
- río
- sierra
- loro
- arena

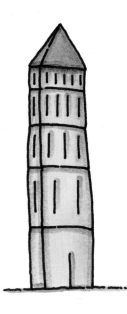

## ll Ll

lla lle lli
llo llu

llave lluvia llora llama

La lluvia baja de las nubes.

De la llama sale humo.

El bebé llora y llora.

Pepe lleva un llavero.

La silla de Lola es amarilla.

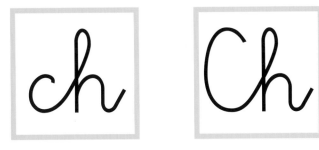

ch Ch

cha che cho
chi chu

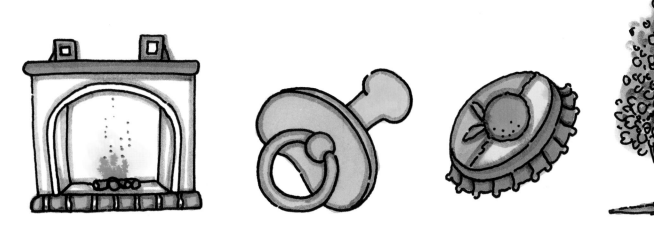

chimenea chupete chapa chopo

Miau sube a los chopos.

El bebé lleva chupete rojo.

Pepe chuta la pelota.

Lola bebe leche todas las noches.

La chimenea es roja.

z  Z  za zo zu

c  C  ce ci

zapato  zorro  cepillo  cielo

Lola lleva zapatos azules.

Papá bebe zumo de tomate.

El zorro tiene un rabo peludo.

Mi cepillo es rojo y azul.

Veo en el cielo una bonita luna.

y  Y

ya  ye  yi
yo  yu

yate    yema    yoyó    yeso

La yema es amarilla.
El yoyó sube y baja.
Lola metió la mano en el yeso.
El payaso lleva bata de rayas.
Amaya se marea en el yate.

- lluvia
- chopo
- zapato
- payaso
- llavero
- chupete
- cepillo
- yema
- amarillo
- cerezas
- arroyo

- silla
- pecho
- raya
- puchero
- zapatillas
- zapatero
- yoyó
- pozo
- leche
- chimenea
- azul

¿Qué...?

¿Qué hay en la  ?

En la caja hay...

¿Qué hay en el  ?

En el mar hay...

¿Qué hay en el  ?

En el árbol hay...

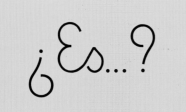 ¿Es...?

sí   no

 ¿Es una ciruela? sí, no.

 ¿Es un zapato? sí, no.

 ¿Es una silla? sí, no.

 ¿Es un payaso? sí, no.

 ¿Es un chupete? sí, no.

 ¿Es un osito? sí, no.

c C

ca co cu

qu Qu

que    qui

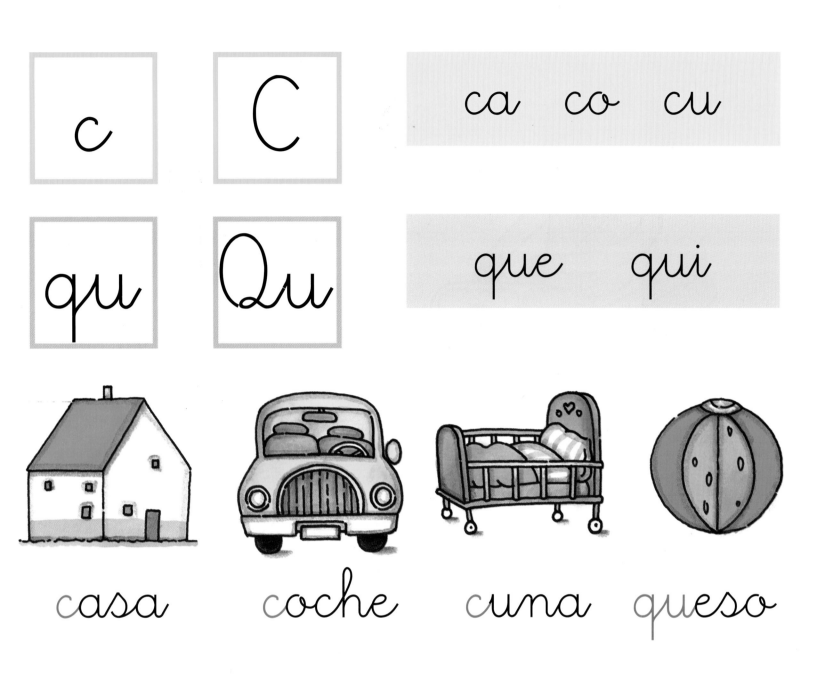

casa    coche    cuna    queso

El camarero lleva unos vasos.
El bebé llora en la cuna.
Carolina sube al coche.
El queso se hace con leche.
Quique cuida los tomates.

ga go gu
que qui

gato  guitarra  gusano  gorra

Ana toca la guitarra.
Quique guisa la comida.
El gusano come hojas.
Miau es mi gatita.
Jaime tiene juguetes bonitos.

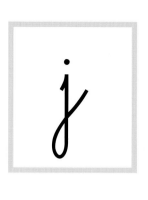

j  g

ja  jo  ju
ge  gi

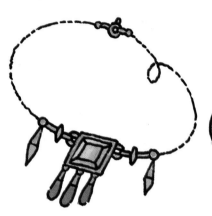

joya    judía    gemelos    girasol

Ese anillo es una joya.

El jarabe es para los gemelos.

El camello tiene jorobas.

El girasol tiene pipas.

Julia juega a las canicas.

- ceja
- ojo
- magia
- vajilla
- tejado
- gemelos
- vigila
- recoge
- reja
- coche
- paja

- joya
- juguete
- casa
- mujer
- girasoles
- gatito
- gusano
- cubo
- guiso
- queso
- mosquito

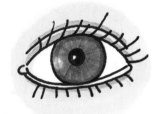

ñ   Ñ   ña   ñi   ño
ñu   ñe

niño

piña

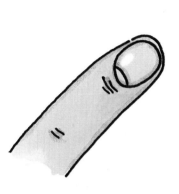
uña

muñeca

El pañuelo azul es de esa niña.

La piña tiene piñones.

Mamá tiene las uñas bonitas.

Lola baña a su muñeca.

El niño tiene sueño.

 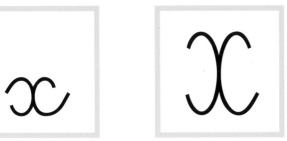

xa  xe  xi
xo  xu

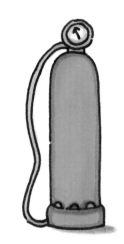   

oxígeno  boxeo  xilófono  taxi

María sube al taxi.

Pepe toca el xilófono.

El buzo lleva oxígeno.

Quique se examina de dibujo.

Ese hierro se ha oxidado.

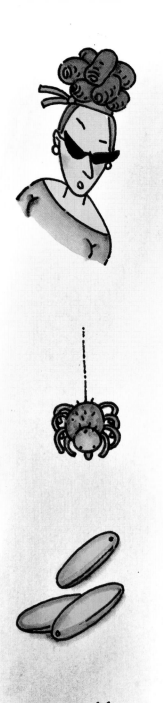

llora          muñeca

moño           chimenea

pollo          piñones

taxi           gallina

niño           ballena

pañuelo        churro

chocolate      Maxi

araña          cebolla

lluvia         año

# del

La madera sale del  .

El gusano sale del  .

El pollito sale del  .

La niña sale del  .

El águila sale del  .

k K

# La familia Kikirikí

—¿Quién eres tú?

—Yo soy el gallo Kikirikí y voy todos los días de paseo.

—¿Y tú?

—Yo soy la gallina Cocorocó, famosa en el gallinero.

—¿Y tú?

—Yo soy el pollito Pío Pío.

# Diálogo de Lola

Yo soy Lola.

—¿Cómo es mi babi?

—Tu babi es...

—¿Qué llevo en la mano?

—En la mano llevas un...

—¿Cómo es mi pelo?

—Tu pelo es...

—¿Y mis zapatos?

—Tus zapatos son...

# ¿Sí o no?

Yo soy Pepe.

¿Soy Quique?

¿En la cabeza llevo gorro?

¿Mi pelo es moreno?

¿Llevo un bocadillo en la mano?

¿Soy familia de Lola?

¿En los pies llevo zapatillas?

¿Mi camiseta es roja?

¿Llevo la mochila del cole?

# ¿Quién soy?

Caigo
y no me hago daño.
Mojo,
pero no me baño.

(la lluvia)

En su tela vive,
en su tela mora.
En su tela teje
la tejedora.

(la araña)

Mi mamá fue mariposa,
yo soy su hijo pequeño,
como hojas de morera
y hago un capullo de seda.

(el gusano de seda)

88

# ¿Qué hay?

¿Qué hay en el cielo?

¿Qué hay en el cerezo?

¿Qué hay en la tierra?

¿Qué hay en el río?

¿Qué hay en el camino?

# La abeja Lupi

—¡Hola, Lupi!
¿No vuelas?
—No sé; soy pequeña.
—Yo te ayudaré.
Mueve bien las alas.
—¿Así?
—¡Muy bien!
Y aquel día Lupi voló.

# La araña doña Regañona

Doña Regañona era una araña
que vivía sola. No tenía amigas,
no jugaba a nada y se aburría.
Un día llegó la araña Mucha Risa,
que hacía piruetas y sabía muchos
juegos. Y se hicieron amigas.
Y ahora doña Regañona
ya no vive sola y es juguetona.

# El mago Piticó

El mago Piticó,
con su pañuelo azul
y su varita mágica,
de su gorro sacó
una paloma con alas.
La paloma voló y voló
y el mago solito
solito se quedó.
Y Piticó, Piticó,
la magia se acabó.

# La pelota loca

Una pelota loca
bota que bota, botó
y con la cabeza
de una vaca chocó.
Un niño que pasaba
vio a la vaca boca arriba.
Le dio mucha pena
y la ayudó.
Y la vaca curada
curada se quedó.

# El hada Curuja

Curuja era un hada mala.
En su olla guisaba
patas de gallina,
pelos de gato
y pipas de calabaza.
El guiso acabó, lo olió, lo tomó,
y... ¿sabes qué pasó?
Que malita acabó
y la receta jamás repitió.

# Doña Mirona

Doña Mirona era una lechuza que
no veía bien. Un día pasó un animalito
y doña Mirona le dijo:

—¡Hola, gato!

—¡Yo no soy un gato! —dijo el animalito.

—Sí eres un gato, pero no tienes rabo,
ni orejas, ni bigote. ¡Qué raro!

—Es que no soy un gato; soy un pato.

Ese día, doña Mirona decidió
que necesitaba gafas.

Soy rey, pero sin reino.
Soy rubio, pero sin pelo.
Muevo relojes
y no soy relojero.

(El Sol)

Sol, solecito,
luce un poquito.
Hoy, mañana
y toda la semana.

Un niño miraba al cielo
y vio la luna lunera.
—¡Mamá! Yo quiero esa luna
que tiene cara de buena.

Luna lunerita
de cara pequeñita,
de día no te veo,
de noche me visitas.

# Canciones y retahílas populares

El cocherito leré
me dijo anoche leré
que si quería leré
un paseíto leré.
Y yo le dije leré
con mi salero leré:
—No subo al coche leré
que me mareo leré.

A mi burro, a mi burro
le duele la cabeza,
y el médico le ha dado
una gorrita vieja.
A mi burro, a mi burro
ya no le duele nada,
y el médico le ha dicho
que se lave la cara.

Chocolate,
molinillo,
corre, corre,
que te pillo.

China, china,
capuchina,
¿en qué mano
está la china?

Al cole, cole, cole,
al cole yo me voy.
Al cole, cole, cole,
¡qué dichoso soy!

Lava, lava,
lavadora.
Lava, lava
a todas horas.
Bate, bate,
batidora.
Bate, bate,
a todas horas.

Tipi, tape,
tipi, tape,
tipi, tape,
tipitón.
Todo el día,
tipi, tape,
el zapatero
Miguelón.

Lola

Pepe

mamá

papá

lila

sala

tomate

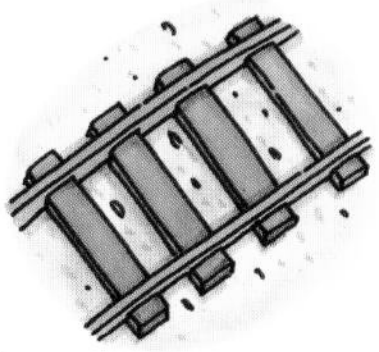

nata

día

bota

vía

jabalí

judía

gemelos

girasol

foto

helado

familia

# L A R I O

rana

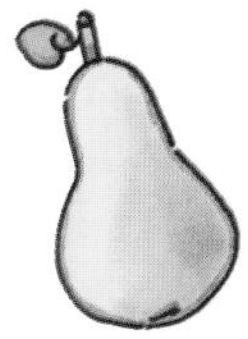

pera

río

perro

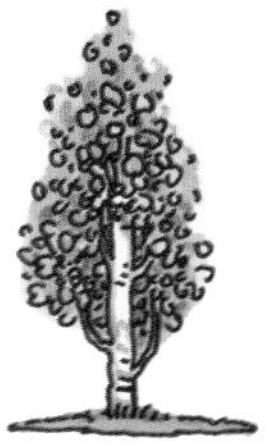

lluvia

chopo

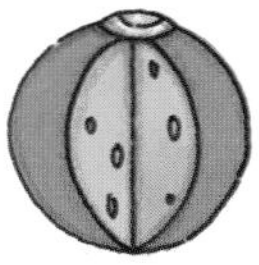

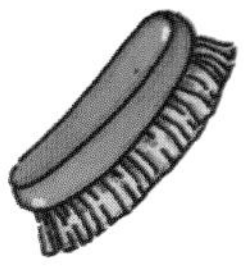

zorro

cepillo

cielo

yate

coche

cuna

queso

gato

gorra

guitarra

muñeca

taxi

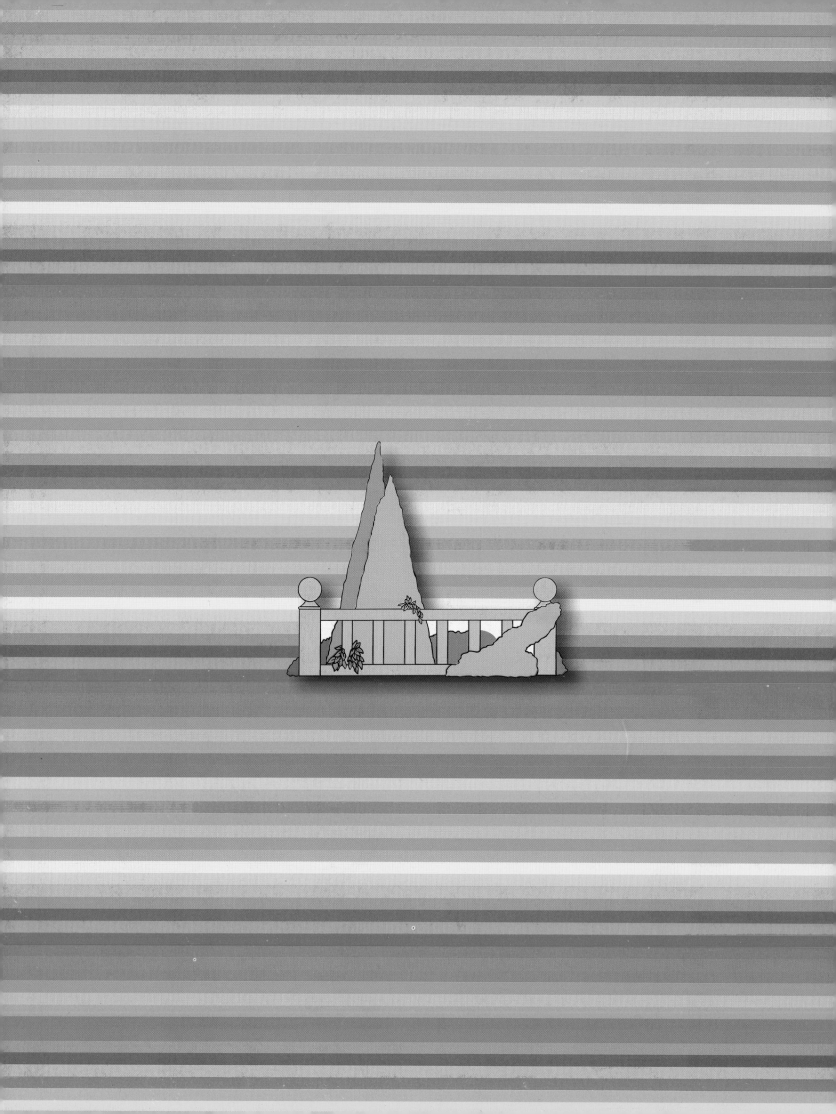